JN001503

つらい心がほっこり癒やされる

ゆるねこ×ブッダの言葉

監修 アルボムッレ・スマナサーラ
写真 小川晃代＆湯沢祐介（アニマルラグーン）

インプレス

もくじ

はじめに 04

第 1 章 気づき ----------------------------- 05

🐾 Column 気づきの実践 ------- 20

第 2 章 善悪 ------------------------------- 21

🐾 Column 善悪の基準 ----------- 36

第 3 章 人間関係 ------------------- 37

🐾 Column 他人を正さない ------ 52

第 4 章 言葉 ------------------------------- 53

🐾 Column 言葉の道徳 ---------- 66

第5章 怒り ------------------------ 67

🐾 Column 笑いの効用 --------- 80

第6章 努力 ------------------------ 81

🐾 Column 努力の意味 --------- 94

第7章 幸せ ------------------------ 95

🐾 Column 幸せの探求 --------- 110

経典について ----------------- 111

気づきある人に祝福があり、
安楽がある。
気づきある人には
より良い明日があります

（相応部 10-4　マニバッダ経）

私たち人間は幸せを探し求めています。幸福な未来をつかもうと必死に頑張っています。人生とは、いまここに無い幸福を探す終わらない旅のようです。そんな人類に対して、ブッダは「気づき」の実践を提案しました。瞬間瞬間、気づきと共にある人は幸せに満たされます。その人のもとには、求めなくてもより良い明日が訪れるのです。

あれは
ニャンだ……？

ピンときちゃったー！

きらきらニャのー

智慧こそが世界のともしび。
気づきこそが世界の目覚め

（相応部 1-80　ともしび経）

仏教とは「智慧の教え」です。仏道の完成と
は、智慧のともしびで「ありのままの事実」
を発見することです。仏道とは「気づき」
の実践です。いま・ここの自分を観察し、自
分のありように気づく時、無明の中で眠る私
たちは、はじめて目覚めを経験するのです。

過去を追わないこと。
未来を願わないこと

（中部 131　日々是好日経）

過ぎ去ったから過去なのに、未だ来ないから未来なのに、私たちは現実には無い過去と未来に足を取られて、「いま」という貴重な瞬間を浪費し続けています。いわば、人生はずっと漏電中なのです。過去を追わず、未来を願わず、というブッダの戒めを実践すれば、私たちは「いま」という巨大なパワーを手にすることができます。

いまの瞬間を生きる人は、
ひかり輝いている

（相応部 1-10　森林経）

「恐ろしい森に住んで、一日たった一食で過ごしているのに、仏弟子たちはひかり輝いて見えます。なぜでしょうか？」こう質問されたブッダは、「過去を嘆かず、未来を願わず、いまの瞬間を生きる人はひかり輝くのです。過去を嘆き、未来を願うことで、その人はひからびてしまう」と答えたのです。

いまっ！
いましか見えないっ！

教えやすく、
穏和で謙虚な人になること

（スッタニパータ 1-8　慈経）

これはお釈迦様が、心の成長を目指す人の
性格的な条件を述べた教えです。「教えやす
い」とは、目上の人々がアドバイスをしや
すい柔軟な性格のことです。頑固で自分の
ものの見方や判断にしがみついていると周
りも適切に導いてあげ難いのです。ブッダ
の推奨する性格を育てれば、人格を完成し
て究極の幸福を体験できるのです。

ほんとに
聞いてる？

いまという瞬間を、ここで観察するのです

（中部 131　日々是好日経）

過去と未来への執着を離れ、「いま」という力を手に入れれば、人生のトラブルはほぼ消えます。問題が問題ではなくなるのです。何を得ても、何を失っても、心は軽やかです。次にすべき仕事は「いま」という瞬間を観察すること。観察によって「いま」からも自由になれれば、解脱・涅槃という究極のゴールに達しているのです。

じーっ

気づきの実践

幸福を求めるならば、私たちは心を清らかにする、心の掃除をする仕事を始めなくてはいけないのです。私たちがいくら自分の部屋を掃除しても、掃除機をかける後ろからまた汚れていきます。これは仕方がないことです。物質的な掃除に終わりはないのです。ブッダは人類に「心の掃除」を勧めました。心の掃除であれば、終了・完成することができるからです。心の掃除が終了・完成した人の境地を「悟り・解脱・涅槃」と呼ぶのです。経典には「自分の心を清らかにしなさい」という言葉で説かれています。その具体的な方法は、いつでも気づきを入れて生活することです。何をしている時も、つねに自分にチェックを入れるのです。「いま心は汚れている？　いま心は清らかですか？」と。そうやって「心を汚さないように生きよう」と励むことが、気づきの実践です。

第 **2** 章

善悪

動く前に、深呼吸。

いくら財産を得ても、来世に持っていけるのは自分がした善悪の行いだけです

（相応部 3-20　第二の子なし経）

人は一生苦労して勉強して、生業に励み、幸せな家庭を営み、地位と名声を築き、100年に満たない人生を終えます。人生にさよならする時、自分が築きあげたものはすべて捨てるのです。持っていけるのは生前の善悪の行いだけです。私たちは、どうせ捨てるものには拘泥せず、悪を止めて善に励む「生き方」を大切にすべきです。

ごくり……

心清らかにする道は、実践してこそ結果が現れる

（相応部 1-35　不満想経）

たとえどんなに素晴らしい真理の教えでも、それをただ知識として語ったり、ただ漫然と聞いたりしていては、心が変わらないのです。教えを自分に引き寄せて実践しなくてはいけません。たとえわずかな知識でも、実践する人は確実に結果を得るのです。それが仏道の特色です。

そろり……

いっちょやって
みるニャ

母がひとり子を
命がけで守るように、
すべての命に
慈しみの心を育てよう

（スッタニパータ 1-8　慈経）

ブッダが教える偉大な心の境地は、煩悩に
まみれた私たちの想像を絶しています。し
かし一人一人が偉大な心を体得できるよう
に、お釈迦様は誰でもイメージできる心境
に例えて説明するのです。あたかも母がたっ
た一人の我が子を命がけで守るように、献
身的な気持ちを、無条件に、あらゆる生命
にまで拡げてみてください、と。

母ニャンにまかせときっ

自分が行った
様々な善の功徳は、
来世の友と言えるものです

（相応部 1-53　友経）

双子で生まれる人はいますが、死ぬ時には例
外なく誰もが一人で死ななくてはいけませ
ん。同じ場所で同じ時間に死んだとしても、
死後の行き先は一人一人違うのです。輪廻
する孤独な生命に寄り添い、友となってく
れるのは、前世で行った諸々の善いことの
功徳だけです。ですから私たちは、友達を
増やす気持ちで善に励みましょう。

来世って
どっち～

あっち
じゃニャい？

そかー

世間には
嫉妬が渦巻いているが、
我々は他人の成功を喜ぼう

（中部 8　戒め経）

嫉妬という単語は女偏ですが、性別は無関係。競争社会で生きる男の嫉妬は破壊的です。誰かを嫉妬して攻撃する時、人間は恐ろしい力を発揮します。しかし、結果はいつも悲惨です。社会の発展も個人の幸福も、嫉妬によって崩壊します。この事実を知る私たちは、他の成功を喜ぶという心を何としても育てなくてはいけません。

せのびーっ

一緒じゃニャ？

自分は他人より優れている、
自分は他と等しい、
自分は他より劣っている、
という思いがある限り、
争いは絶えない

（相応部 1-20　サミッディ経）

自分と誰かを比較して、「私はあの人より上
だ」と喜び、「あの人と同じくらいだ」と安
心し、「あの人より劣っている」と落ち込む。
自分というモノサシに振り回されて、一喜一
憂するのが人間です。仏教の悟りとは、こ
の「比較する心」を乗り越えた境地なのです。

誰のことも欺かず、
軽んぜず、
怒鳴らず、腹を立てず、
ただ幸福を願う人になること

（スッタニパータ 1-8　慈経）

世界は人間同士の相互不信が渦巻いています。自分の利益のために他を騙したり、軽視して見下したり、意見が違うだけで敵意を持ったり、暴言を吐いたり、嫌いな他人が不幸に陥ることを願ったりします。ブッダは苦しみしか生まないそんな生き方を止めて、一切の他者（生きとし生けるもの）の幸福を願うことを提案するのです。

愚か者とつるむくらいなら、
独りでいたほうが良い

（ダンマパダ 330）

誰もが、周囲の環境から影響を受けています。なかでも人間関係の影響は多大なものです。身の回りの人々がだらしない、道徳を守らない性格だったら、あなたもその影響を受けてしまいます。人は自分よりも優れた人、教えてくれる人と無理にでも付き合うべきです。それができなければ、孤独を恐れずに人格向上に励みましょう。

いつもひとりで
夢中だニャ……

「ひとり」を楽しめる
自分になろう

（ダンマパダ305）

人間関係の希薄化が叫ばれるのに、電脳コ
ミュニケーションは密接になる一方。生命
には「依存していないと不安」という根本
的な弱みがあります。リアルであれバーチャ
ルであれ、生きている限り生命のネットワー
クは切れません。しかし精神的依存を脱す
ることはできます。それがブッダの教える
「ひとり」を楽しむ境地なのです。

善き友、善き連れ、
善き仲間がいること。
それがすべて

（相応部 3-18　善友経）

善き友とは、誰でしょうか？　それはブッ
ダのことなのです。ブッダは涅槃に入られ
ましたが、その教えはいまも活き活きと生
き続けています。教えこそが善き友＝ブッ
ダなのです。善き友＝ブッダの言葉を自分
ごととして学び実践すること。それが仏道
のすべてです。

不信感や揚げ足を取る
気持ちを鎮めれば、
他人の良いアドバイスを
受け容れられます

（相応部 7-16　反論経）

どんなに有益な教えに接しても、聞き手が
不信感や敵意などの感情にとらわれていた
ら、その言葉を受信できなくなります。他
者から学びたいなら、感情を鎮め、虚心に
相手の言葉に耳を傾けるべきです。もし話
が有意義ならばより多くを学べますし、た
とえ見かけ倒しでも、心を整えて傾聴する訓
練は自分を着実に成長させてくれるのです。

よしよし

第4章　言葉

自分を愛する人は、
他人を傷つけないこと

（相応部 3-16　マッリカー経）

ある王が、最愛の妃に尋ねました。「そなたには、自分より愛しい者がいるか？」「私には自分より愛しいものは誰もいません。大王はどうですか？」沈思した王は妃の言葉を認めざるを得ませんでした。ブッダはこの夫婦の会話を敷衍して、生命の尊厳を守る道徳を説いたのです。

第5章　怒り

落ち着くまで
待ってる

怒り狂う人を前にして
平静を保つ人は、
自分と相手両方の利益を
守っているのです

（相応部 7-2　誹謗経）

ふつう人々は、怒りに怒りで対抗します。
直接相手に逆襲できなかったら、より弱い
立場の人々に八つ当たりします。この負の
連鎖を止めるため、ブッダは「怒りに怒り
で返さないこと」を提案します。平静を保
つことで怒りの延焼を防ぎ、相手の怒りも
吹き消してあげる。そうやって自他の利益
を守るのが智慧ある人の生き方です。

智慧ある人には何があっても
心安らかであることが
「勝ち」なのです

（相応部 7-3　アスリンダカ経）

ネットやマスメディアでは、些細なことで
論争して、相手を言い負かして「勝利宣言」
することが娯楽になっています。ブッダに
言わせれば「愚か者」そのものの人生です。
仏教は智慧の教えです。智慧ある人にとっ
ての勝利とは、誰かを言い負かすことでは
ありません。どんな非難や罵倒を受けても、
心安らかであることなのです。

目的を達成するまで、努力すべきです。くじけないことに勝るものはありません

（相応部 11-8　ヴェーローチャナ阿修羅王経）

私たちは自分が定めた目標に達した時、生きていて良かったと感じるのです。高い目標に挑むためには、自分の仕事を細かいタスクに分けて、一つクリアするたびに充実感を味わうことです。成功の喜びが心に蓄積されると、それが大きな目標に立ち向かうエネルギーになるのです。決してくじけず前に進む忍耐力が身につくのです。

あとちょっと……

そりゃーっ

第6章　努力

あれ？これ
落とし穴てやつ…？

怠惰、気づきがない、無気力、
自分を抑えられない、
眠気に負ける、倦怠している。
この6つは世にある
幸福の落とし穴

（相応部 1-76　不老経）

人を不幸に陥れる落とし穴は、外ではなく
自分の心のうちにあるのです。常に精進し
て、気づきを絶やさず、やる気を出して、
感情の手綱をしっかり握り、はっきり目覚
め、新鮮な気持ちで人生に取り組むならば、
心の落とし穴は消えて、「幸福への一本道」
が現れるのです。

気づきを絶やさず、
食の適量を知る人は、
苦の感覚が薄まり、
寿命を保ち穏やかに老いる

（相応部 3-13　大食経）

いつも食べ過ぎて健康を害していた王に、
ブッダはこの詩を与えました。王はブッダ
の詩を側近の青年に暗記させて、食事のた
びに唱えさせました。ブッダの言葉を心に
入れて食事したことで、王は適量のみを食
べるようになり、健康を取り戻すことがで
きたのです。

えっ
そうなの？

やめとく……

自分に合った環境を選び、
準備を怠らず、
高い志を持つこと、
それが真の吉祥

（スッタニパータ 2-4　吉祥経）

パワースポットに出かけること、風水診断
すること、御守りや御朱印を求めること、
自己啓発セミナーに通うこと、などなど幸
福を手に入れるための条件は何か、という
話題は人々の関心事です。ブッダは幸福に
まつわる一切の信仰や迷信を捨て去り、一
人一人が自分の努力で実現できる普遍的な
条件を整えなさいと教えたのです。

無気力に過ごす百年より、
充実した一日のほうが尊い

（ダンマパダ112）

私たちは「長生き」を求めて、四六時中、
体を気にして生活しています。壊れていく
体を一日でも長持ちさせるために、一生の
大半を費やす勢いです。忙しい毎日のよう
ですが、ブッダはそれを「無気力な生き方」
と呼びます。そんな生き方で百年を過ごす
より、たった一日でも、心の成長のために
努力するほうが尊いと説くのです。

よりどころがあるから
人は悩む。
よりどころがない人には
悩みがない

（相応部 1-12　喜び経）

誰かが言いました。「子がいる人は子に喜び、
牛（財産）がある人は牛に喜ぶ。よりどこ
ろが人の喜びだから、よりどころがなけれ
ば喜びもない。」ブッダは、人のすべての悩
み苦しみもよりどころがあるからこそ生ま
れるのだ、と応じました。一切の依存・執
着を離れることが最高の喜びなのです。

心を守るならば、
幸せになれる

（ダンマパダ 35）

すべての現象は無常です。家族も財産も、健康や命さえも、絶えず変化して壊れていきます。守りきれるものではありません。一つだけ守れるもの、それは自分の「心」です。成功と失敗、称賛と非難といった世間の荒波に、落ち込んだり、舞い上がったりしないで心を守ること。それが幸福への一本道であるとブッダは説くのです。

我こそご主人様ニャ

知らんかった……

自分こそ自分の主。
自分こそ自分のよりどころ。
ゆえに自分を整えなさい

（ダンマパダ 380）

人間は群れで生きる種族です。心のどこか
で、いつも「ご主人様」を探しているのです。
世界中の多くの人々が絶対的な神を信仰し
ているのも、その習性の現れです。ブッダ
はまったく逆のアプローチです。他者によ
る救済を期待しないこと。自分の主人は自
分しかいないと覚悟すること。そして、自
ら心を清めることを説くのです。

幸福は、
足るを知る人に開かれる

（増支部 8-30　アヌルッダ大思考経）

宗教にすがる人々は現世利益を求めます。
どんなに殊勝な祈りに見えても、結局は自
分の欲望を満たしたいのです。究極の幸福
に達する教えを説いたブッダは、「この教え
は足るを知る人のものであり、不満な人の
ものではない」と宣言しました。欲望に駆
られた生き方を止め、知足を実践する人に
だけ、幸福の道が開かれるのです。

Column

幸せの探求

幸せとは何でしょうか？　私たちはそれぞれ、「幸せ」の定義を持っています。しかし、前提には「私はこれで困っている」という何か具体的な苦しみがあるのです。そして、その苦しみが解消された状態をイメージして「幸せ」と呼ぶのです。つまり、「あなたの苦しみがあなたの幸福を定義する」ということです。例えば、子育て中のお母さんにとっては、子供が病気や怪我なく元気に育つことが幸せでしょう。しかし子供が自立したら、お母さんは自分の幸せの定義を書き換えないといけないのです。世の中の幸せは相対的で儚いものです。それに対して、ブッダは「生命にとって本質的な苦とはなにか？」と探求しました。最終的に、生きること（輪廻）が苦であると発見したブッダは、輪廻を乗り越える方法を確認した上で、「涅槃が究極の幸福である」と宣言したのです。

経典について

この本で紹介したブッダの言葉は、スリランカやタイ、ミャンマーなどで伝承されてきたパーリ経典に基づいています。日本で伝統的に仏教経典といわれてきたのは、偉大なるお釈迦様を敬愛するあまり神格化したり、ブッダの多種多様な教えの一部を壮大な哲学に膨らませたりした文学作品集（いわゆる大乗仏典）です。それに対してパーリ経典には、人間に生まれて人間を超越したブッダになったお釈迦様が、同時代の聴衆に語りかけた内容がそのままの形で遺されています。何千年たとうとも人間の本質は変わりませんから、パーリ経典に触れる人々は、いまここでお釈迦様が自分自身に向けて話しかけているような感動をおぼえるのです。各ページの経典の言葉はわかりやすく意訳して出典をつけました。パーリ経典の大部分は書籍やインターネットで日本語訳が公開されています。ぜひこの本をきっかけに、皆様もブッダとの対話を試みてほしいと願っています。

監修者について

アルボムッレ・スマナサーラ

テーラワーダ仏教の長老。1945年スリランカに生まれ、13歳で出家となる。スリランカの国立大学で仏教哲学の教鞭をとったのち、1980年に来日。現在は日本テーラワーダ仏教協会で初期仏教の伝道・瞑想指導などに従事している。200冊以上の著書を刊行し、日本全国での講演、朝日カルチャーセンター講師、NHK教育テレビ「こころの時代」「バリバラ」出演でも知られる。

日本テーラワーダ仏教協会

お釈迦様の直接の教えを受け継ぐ「テーラワーダ仏教」（上座仏教。パーリ語で「長老の教え」の意）を学び、伝えるために設立された宗教法人。スリランカやミャンマーなどから派遣された長老の指導のもと、一人一人の「心の成長」に努め、日本にブッダの福音を広めることを目的に、東京都渋谷区幡ヶ谷のゴータミー精舎を中心に日本各地で活動している。協会公式サイトとYouTubeチャンネルでは、ヴィパッサナーや慈悲の瞑想といった実践法の紹介、経典音声ファイル、各種法話テキスト、ライブ配信動画などを公開している。

http://www.j-theravada.net/
https://www.youtube.com/c/j_theravada

■ 商品に関する問い合わせ先

インプレスブックスのお問い合わせフォームより入力してください。
https://book.impress.co.jp/info/

上記フォームがご利用頂けない場合のメールでの問い合わせ先
info@impress.co.jp

●本書の内容に関するご質問は、お問い合わせフォーム、メールまたは封書にて書名・ISBN・お名前・電話番号と該当するページや具体的な質問内容、お使いの動作環境などを明記のうえ、お問い合わせください。

●電話やFAX等でのご質問には対応しておりません。なお、本書の範囲を超える質問に関しましてはお答えできませんのでご了承ください。

●インプレスブックス（https://book.impress.co.jp/）では、本書を含めインプレスの出版物に関するサポート情報などを提供しておりますのでそちらもご覧ください。

●該当書籍の奥付に記載されている初版発行日から3年が経過した場合、もしくは該当書籍で紹介している製品やサービスについて提供会社によるサポートが終了した場合は、ご質問にお答えしかねる場合があります。

■ 落丁・乱丁本などの問い合わせ先

TEL 03-6837-5016
FAX 03-6837-5023
service@impress.co.jp

（受付時間／10:00-12:00、13:00-17:30 土日、祝祭日を除く）

●古書店で購入されたものについてはお取り替えできません。

■ 書店／販売店の窓口
株式会社インプレス 受注センター
TEL 048-449-8040
FAX 048-449-8041
株式会社インプレス 出版営業部
TEL 03-6837-4635

つらい心がほっこり癒やされる
ゆるねこ×ブッダの言葉

2021年2月21日　　初版第1刷発行

監修　　　　アルボムッレ・スマナサーラ
写真　　　　小川晃代＆湯沢祐介（アニマルラグーン）
発行人　　　小川 亨
編集人　　　高橋隆志
発行所　　　株式会社インプレス
　　　　　　〒101-0051
　　　　　　東京都千代田区神田神保町一丁目105番地
　　　　　　ホームページ　https://book.impress.co.jp/

印刷所　　　図書印刷株式会社

STAFF

編集協力　　　佐藤哲朗
　　　　　　　（日本テーラワーダ仏教協会）
デザイン・DTP　Power Design
編集　　　　　杉本律美
編集長　　　　山内悠之

本書のご感想をぜひお寄せください。
https://book.impress.co.jp/books/1120101107

読者登録サービス
CLUB Impress

「アンケートに答える」をクリックしてアンケートにぜひご協力ください。はじめての方はCLUB Impress（クラブインプレス）にご登録いただく必要があります（無料）。アンケート回答者の中から、抽選で商品券（1万円分）や図書カード（1,000円分）などを毎月プレゼント。当選は賞品の発送をもって代えさせていただきます。

おまけ

本編の写真で制作したPC＆スマホ壁紙プレゼント！

https://book.impress.co.jp/books/1120101107

※ページをスクロールして「特典を利用する」をクリック

※ダウンロードにはClub Impressへの会員登録が必要です